NOTES BIOGRAPHIQUES

à propos de ma Candidature

AUX

ÉLECTIONS SÉNATORIALES.

BEAUVAIS,

TYPOGRAPHIE D. PERE, RUE SAINT-JEAN.

1878.

NOTES BIOGRAPHIQUES

à propos de ma Candidature

AUX ÉLECTIONS SÉNATORIALES.

En publiant ces notes, je n'ai pas l'intention de maintenir une candidature que j'ai pris l'engagement de retirer. J'ai voulu seulement montrer que je pouvais, sans trop de présomption, justifier mon titre de candidat par des travaux sérieux et par des services souvent onéreux et toujours désintéressés.

J'avais à peine deux ans, quand j'ai perdu mes parents.

Mon père, mort à 28 ans, s'était adonné aux sciences. Il a laissé des ouvrages importants ; entre autres, une histoire naturelle des reptiles en huit volumes, faisant suite aux œuvres de Buffon. Ma mère a dessiné la plupart des planches de cet ouvrage.

Elle était fille du chevalier de Saint-Sauveur, blessé à l'âge de 18 ans à la bataille de Fontenoy et devenu lieutenant-général commandant une brigade des gardes du corps.

Après mes études classiques, j'ai été reçu licencié

en droit et j'ai prêté le serment d'avocat à la Cour royale de Paris.

Le grand naturaliste Cuvier, qui avait été lié avec mon père, étant alors président au Conseil d'Etat, m'avait promis son appui ; un parent de ma mère, attaché au roi Charles X, m'avait recommandé au Ministre de la justice. Malgré ces puissantes protections, ayant une grande répugnance pour le rôle de solliciteur, j'ai préféré une position indépendante à la carrière des fonctions publiques.

Je me suis occupé, dès ma jeunesse, de toutes les études positives qui me semblaient devoir conduire à un but utile. J'ai pris part aux travaux de nombreuses Sociétés dont voici l'énumération et dont j'ai conservé les diplômes.

L'ancienne Société agricole et industrielle de l'Oise, dont j'ai été élu Président ; — l'Athénée du Beauvaisis ; — la Société académique de l'Oise ; — la Société d'horticulture de Picardie ; — les Sociétés Linnéennes de Normandie et du Nord de la France ; — la Société des antiquaires de Picardie ; — les Sociétés botanique et géologique de France ; — la Société centrale d'horticulture ; — la Société zoologique d'acclimatation ; — la Société française de numismatique ; — j'ai été nommé membre correspondant de la Société d'agriculture de la Haute-Garonne ; — correspondant honoraire de la Société d'horticulture et d'arboriculture des Deux-Sèvres.

Dans divers concours et expositions, j'ai obtenu deux

médailles d'or, deux de vermeil, cinq médailles d'argent et trois médailles de bronze.

M. Graves, dans ses statistiques, m'a souvent cité pour les renseignements que je lui ai procurés; mon nom se trouve également en tête de la Flore des environs de Paris, avec ceux des botanistes qui ont donné les indications les plus utiles.

J'ai fait de l'agriculture une étude sérieuse et suivie. J'ai exposé le résultat de mes observations pratiques dans un livre dont les agronomes les plus renommés de notre temps ont rendu un compte favorable. M. Louis Gossin et M. Le Saint, dans le *Moniteur de l'Oise* et dans le *Mémorial d'Amiens*; M. Girardin, de l'Institut, dans le *Mémorial de Lille*; M. Barral, dans le *Journal d'Agriculture pratique*; M. Joigneaux, dans le *Temps*; M. Louis Hervé, dans le *Journal des Villes et des Campagnes* ont donné à mon travail des éloges motivés.

Pour n'en citer que deux, M. Gossin s'exprime ainsi :

« Après tout ce qui a été écrit sur l'Agriculture de-
« puis cent ans, il n'est pas facile aujourd'hui de traiter
« un pareil sujet d'une manière neuve, et cependant
« c'est ce que M. Daudin vient de faire avec infiniment
« de bonheur. Son livre n'a pas d'analogue parmi les
« productions agronomiques de l'époque actuelle; et
« comme il joint à une grande verve de style un sens
« pratique très-droit, ceux qui connaissent Thaër,
« Mathieu de Dombasle, Gasparin, liront encore ce
« nouvel ouvrage avec un vif intérêt.

« Où l'auteur a-t-il puisé ses inspirations ? à deux
« sources principales : 1° Dans le travail agricole
« même et dans l'étude approfondie des mœurs de
« l'habitant des campagnes ; 2° dans les livres agro-
« nomiques de l'ancienne Rome. C'est là ce qui, suivant
« notre appréciation, donne à son livre une vigueur
« et un mérite particuliers. »

M. Joigneaux a dit :

« M. Daudin n'est pas seulement un homme compé-
« tent en matière d'économie rurale ; un ami sincère
« de l'Agriculture, il est de plus un écrivain correct et
« élégant ; les meilleures choses sont dites par lui
« dans les meilleurs termes. L'introduction sera lue
« avec un vif intérêt. On y remarquera un tableau
« ravissant de la vie champêtre et une réaction contre
« ce besoin de bruit et d'éclat, qui étourdit et emporte,
« on ne sait où, les hommes de ce temps-ci.

« Le livre de M. Daudin est riche de faits, de science
« et de style, et n'a rien à craindre des observations
« que nous nous permettons en le parcourant. Sous la
« plume du savant et de l'écrivain aimable, on re-
« connaît l'homme sûr de lui-même dans les questions
« de pratique agricole, parce qu'il a vu de près les
« choses dont il entretient ses lecteurs. »

Il y avait peu de temps que j'avais fixé ma résidence dans le canton de Chaumont, lorsqu'une grande enquête agricole fut ouverte. Le membre du Conseil général, l'honorable M. Frion, me communiqua le questionnaire, qu'il devait soumettre aux principaux cultivateurs, en m'invitant à lui indiquer les réponses qui me paraissaient convenables.

Voici la lettre que j'ai reçue de lui à ce sujet :

« J'ai communiqué à nos cultivateurs réunis vos « réponses au questionnaire agricole ; ils ont adopté « tout votre travail, et n'y ont apporté que trois ou « quatre modifications insignifiantes. Ces messieurs « m'ont chargé de vous faire leurs sincères remer- « ciements, pour leur avoir rendu très-facile la besogne « dont ils se trouvaient chargés. J'ai fait insérer vos « réponses sur le questionnaire imprimé. Il y sera dit « que ces réponses sont de vous et qu'elles ont été « adoptées dans une réunion de cultivateurs présidée « par le membre du Conseil général. »

Utilisant tous les moments de ma vie sédentaire, je prenais note chaque jour des accidents météorologiques. J'ai communiqué mes notes aux astronomes de l'Observatoire. L'illustre directeur, M. Leverrier m'a témoigné par une lettre de l'intérêt qu'il portait à mon travail, dont il a fait consigner le résultat dans le Bulletin international de l'Observatoire de Paris.

Ayant depuis longtemps introduit dans mes plantations des arbres exotiques d'espèces rares, surtout du genre des conifères, j'ai offert les fructifications qu'ils ont produites pour les collections du museum d'histoire naturelle. Le savant directeur, M. Chevreul, m'a fait l'honneur de m'adresser, à ce sujet, les remerciements de l'assemblée des professeurs.

Malgré ces travaux si variés et mes occupations particulières, je n'ai pas cessé de donner mes soins aux intérêts du pays. Dès l'année 1833, la confiance de mes concitoyens du canton de Méru m'avait appelé au Conseil d'arrondissement. Mon mandat a été renouvelé à toutes les élections, jusqu'en 1848, sans aucune démarche de ma part, sans distribution de bulletins ou de circulaires.

Pendant ces quinze années, j'ai pris une part active, comme secrétaire, quelquefois comme président du Conseil d'arrondissement, à l'étude de toutes les questions d'utilité publique intéressant le département. J'ai été membre et souvent secrétaire des commissions d'enquête appelées à donner leur avis sur le tracé des chemins de fer auxquels notre contrée était intéressée. J'ai eu la satisfaction de voir successivement construire toutes ces lignes, selon les indications contenues dans les nombreux mémoires que j'ai publiés sur ce sujet.

Dès l'année 1864, j'avais, dans des articles insérés dans le *Moniteur de l'Oise* et réunis en brochure, démontré l'utilité d'un chemin de fer direct de Paris à Abbeville, par Méru, Beauvais, Marseille et Grandvilliers.

Dans le même temps le Corps législatif ayant été saisi d'un projet de loi relatif à l'exécution d'un chemin de fer de Saint-Denis à Luzarches. J'ai présenté à l'Assemblée des observations justement motivées, rédigées en forme de placard, et portant au revers une carte topographique qui faisait sauter aux yeux les avantages d'un chemin de fer direct de Saint-Denis à Beaumont, avec prolongement jusqu'à Méru.

Pour hâter la solution de cette question, une commission, dont j'ai été le secrétaire, s'est formée sur l'initiative et sous la présidence de M. le comte de Kergorlay; elle a fait des études, elle a émis des actions et constitué un capital pour la construction d'un chemin de fer d'intérêt local de Beaumont à Méru. La concession obtenue a été rétrocédée à la Compagnie du Nord, et j'ai vu se réaliser ce projet que j'avais soulevé, d'un chemin de fer de Paris à la mer.

J'avais déjà obtenu une bien douce récompense de mes efforts, par un vote, en date du 23 juillet 1861, suivant lequel le Conseil municipal de Méru avait chargé le Maire de m'adressser de vifs remerciments pour tout ce que j'ai fait dans l'intérêt du pays.

Après cet exposé de mes actes, je dois dire quelques mots de mes opinions.

Je n'ai pas été absorbé par toutes ces questions d'intérêt matériel, au point d'être indifférent à la politique; et je puis dire que, par une tendance naturelle de mon esprit, j'ai toujours été porté vers les idées libérales.

Quand, sous le gouvernement du roi Louis-Philippe, la grande question de la réforme électorale a été agitée, j'ai compris qu'il y avait là pour le gouvernement monarchique une question de vie ou de mort, et j'ai publié dans le *Progrès de l'Oise*, de Compiègne, trois articles des 29 septembre, 13 octobre et 10 novembre 1846, pour démontrer la nécessité d'une prompte et large réforme électorale. La révolution de 1848 est venue justifier mes appréhensions et réaliser ce que j'avais prévu. C'est alors que j'ai été nommé membre du Conseil général pour le canton de Méru.

La République avait été proclamée : le général Cavaignac était le chef du pouvoir exécutif, d'après la Constitution qui venait d'être votée, il y avait lieu de confirmer ses pouvoirs par sa réélection ou de lui donner un successeur. Les deux candidats à la présidence étaient le général Cavaignac et le prince Louis-Napoléon Bonaparte. Consulté, à ce sujet, par des électeurs, j'ai publié une circulaire pour engager mes concitoyens à voter pour le général Cavaignac. On y lisait ces paroles presque prophétiques :

« Nommez le général Cavaignac pour faire triompher
« le principe de l'égalité, pour assurer l'ordre, relever
« le crédit, faire renaître la confiance ; en un mot,
« pour sauver la République.

« La République ! vous vous plaignez de ce qu'elle
« n'a rien fait pour vous ! N'a-t-elle pas été obligée de
« lutter jour par jour contre ses ennemis ; n'a-t-elle pas
« eu des difficultés immenses à surmonter ? Voulez-
« vous donc la renverser avant qu'elle soit établie ?

« Vous ressembleriez à des hommes qui, ayant élevé
« à grand'peine les murs et la charpente d'une maison

« et n'ayant plus qu'à y mettre le toit, qu'à en arranger
« l'intérieur, se plaindraient de ce que la pluie et le
« froid y pénètrent et voudraient la démolir au lieu de
« l'achever et de la rendre habitable et commode.

« Vous ne commettrez pas cette action insensée.
« Vous consoliderez la République, en lui donnant
« pour Président un loyal et sincère républicain. J'ai
« cru remplir un devoir de bon citoyen en vous sou-
« mettant ces observations. Pesez-les avec attention,
« votez selon votre conscience et que Dieu protége la
« France! »

A la même époque, ayant été invité à Méru à un banquet patriotique, j'adressai aux assistants une courte allocution que je crus devoir transmettre au Ministère de l'intérieur. Je reçus du Ministre une lettre contenant le passage suivant :

« Vous m'avez fait l'honneur de me donner connais-
« sance d'un discours que vous avez prononcé dans
« une réunion, au chef-lieu du canton qui vous a élu
« membre du Conseil général de l'Oise. J'ai lu avec
« intérêt cette allocution qui témoigne de votre attache-
« ment aux institutions républicaines et de vos senti-
« ments en faveur du maintien de l'ordre et de l'union
« entre les diverses classes de citoyens. Je vous re-
« mercie de me l'avoir communiquée. »

Mes conseils n'ont pas été entendus. Une grande majorité s'est prononcée pour le prince Napoléon. Bientôt après, le coup d'Etat de décembre a été consommé, et l'Empire a remplacé la République ; on sait ce qu'il a coûté à la France. Pendant ses dix-huit années de durée, je n'ai pris part à aucune question politique ; je me suis tenu dans ma retraite, entièrement livré à des travaux utiles qui, longtemps après moi, porteront témoignage de mon activité et de mes soins.

Enfin est venue la chute de l'Empire et la République a été encore une fois proclamée. Tandis que des gens timorés ne donnaient leur adhésion qu'à une République *honnête* et *modérée*, les impatients réclamaient la République *démocratique* et *sociale*. J'ai publié à la date du 4 novembre 1870, une petite brochure par laquelle j'ai cherché à établir que ces différentes dénominations n'avaient aucune signification sérieuse. Que la République, fondée sur la libre discussion, sur le contrôle de tous, serait nécessairement *honnête*. Qu'elle ne pourrait être que *modérée*, puisque ses excès détacheraient d'elle un grand nombre d'adhérents. Que la République était, de son essence, le plus *démocratique* des gouvernements. Enfin, qu'elle serait *sociale*, dans l'acception raisonnable de ce terme vague, par son influence légitime et nécessaire sur les institutions.

Peu de temps après, grâce à la sagesse et la fermeté de M. Thiers, les adhésions à la forme républicaine devenant de plus en plus nombreuses, les partis dissidents jugèrent habile de se parer du nom de conservateurs. C'est alors que dans une nouvelle brochure, formée de deux articles insérés dans le *Journal de l'Oise* des 15 et 29 juin 1871, j'ai démontré que les vrais amis de l'ordre devaient vouloir conserver la République ; et que le maintien de l'ordre était plus assuré avec cette forme de gouvernement qu'avec le gouvernement monarchique.

J'avais pris pour épigraphe ce passage d'un discours de M. Thiers : « il y a des hommes très-sincères « qui, voyant le mouvement actuel des Sociétés euro- « péennes, croient très-sincèrement à la République, « la désirent et y voient ce que, je vous l'avouerai, j'y « vois souvent moi-même, un des moyens les plus « énergiques et les moins suspects de maintenir « l'ordre. »

(*Séance du 4 mars 1873*).

Une autre question vint encore agiter les esprits : la question du socialisme qui, pour beaucoup de personnes, reposait sur des idées subversives, tandis que d'autres y attachaient des espérances chimériques. J'écrivis alors sous ce titre : l'*utopie socialiste et le travail*, une brochure dédiée à M. Thiers, avec son consentement. J'y développais cette thèse : que les craintes et les espérances nées du socialisme sont également exagérées ; qu'aucun système pratique et nettement défini n'a encore été exposé par les apôtres de la pretendue réforme sociale ; que, sauf les améliorations successivement introduites dans les institutions, aucune Société ne peut subsister sans être assise sur les bases impérissables de la propriété, fruit du travail, et de la famille perpétuée par l'hérédité.

Que le travail étant l'origine de la propriété, doit être partout honoré et convenablement rétribué. Qu'il faut encourager, aider et même favoriser les travailleurs. Que ceux qui sont plus ou moins élevés sur les degrés de l'échelle sociale doivent tendre la main à ceux qui montent. Enfin, que l'assistance publique sérieusement organisée, doit venir en aide aux misères inséparables de la faiblesse humaine.

L'Assemblée nationale faisait faire une enquête sur les conditions du travail en France, lorsque cette brochure a paru. Elle a été communiquée à la Commission dont le rapporteur, M. Ducarre, a daigné m'écrire que la conclusion de son rapport était conforme à celle que j'indiquais : *La liberté du travail*, il m'a fait parvenir en même temps le volume contenant les recherches et les délibérations de la Commission d'enquête.

J'avais envoyé ma brochure à M. Thiers, et, plus tard, je lui adressai d'humbles félicitations au sujet de son Message. J'ai reçu, en son nom, les deux lettres suivantes, de la main de son ami, M. Barthélemy Saint-Hilaire. Je les conserve précieusement comme un honorable témoignage de l'approbation du grand citoyen que la France vénère et regrette.

« M. Thiers remercie M. Daudin de la lettre qu'il a
« bien voulu lui écrire et de la brochure qui accom-
« pagnait cette lettre. Il a lu avec intérêt et profit ce

« consciencieux écrit, et si ses occupations multipliées « ne l'en avaient empêché, il aurait répondu de sa « main à M. Daudin. »

(Le 31 janvier 1873).

« M. Thiers a été très-touché de la lettre que vous « avez bien voulu lui adresser. Il me prie de vous « remercier de votre sympathie. Il n'y a jamais eu « pour lui de plus douce ni de plus haute récompense « que l'approbation des bons citoyens, et il l'apprécie « davantage encore dans les circonstances que nous « traversons. »

(Le 24 juin 1873.)

J'ai voulu, dans ces quelques pages, donner un exposé rapide et sincère de mes opinions et de mes actes. Je me soumets, avec une confiance modeste, au jugement de mes concitoyens. Mon nom ayant été prononcé à propos des candidatures sénatoriales, je ne pouvais pas repousser un honneur qui serait venu, d'une manière inespérée, couronner ma longue carrière, que j'ai remplie le mieux qu'il m'a été possible.

Quoiqu'il arrive, j'aurai toujours une ressource qui ne m'a jamais manqué : celle de me faire une existence paisible et laborieuse, loin du bruit des villes, des intrigues, des luttes ambitieuses et des déceptions de toute espèce.

Boissy, le 15 décembre 1878.

H. DAUDIN.

Beauvais, typographie D. PERE, rue Saint-Jean.

PIÈCES JUSTIFICATIVES.

Adélaïde-Geneviève de Saint-Sauveur, née à Paris le 6 avril 1775, était fille d'Hyacinthe Philémon de Saint-Sauveur, officier général, et de Jeanne-Madeleine Olivier.

Au tome XXI, page 141, des œuvres complètes de Voltaire (édit. Dupont, 1823), on lit dans le récit de la bataille de Fontenoy : MM. de Saint-Sauveur, de Saint-Georges et de Mézières, aides-maréchaux-des-logis, y furent blessés.

UNE LETTRE DU CARDINAL DE BERNIS.

Je viens de recevoir, ma chère cousine, la lettre dont vous m'avez honoré le 21 du mois dernier, et quoique cette lettre me rappelle la mort de M. le comte d'Affry, que j'aimais et estimais infiniment, j'ai été charmé de faire connaissance avec la digne fille du chevalier de

Saint-Sauveur, avec qui et l'évêque de Bazas, son frère, j'ai passé une partie de ma jeunesse. Je vous prie de dire à l'abbé Rousseau de me donner de vos nouvelles toutes les fois qu'il m'écrira et d'être persuadée, ma chère cousine, de mon tendre et respectueux attachement.

A Rome, 12 février 1794.

Le cardinal DE BERNIS,

LETTRE DE M. CUVIER.

A Monsieur H. Daudin, rue de Paradis, n° 4, au Marais.

Paris, le 12 janvier 1822.

J'ai lu, Monsieur, avec beaucoup d'intérêt, ce que vous m'avez écrit sur votre position; je n'ai pas perdu le souvenir de monsieur votre père, je me ferai un véritable plaisir de vous aider de mes conseils et de vous rendre tous les services qui dépendront de moi.

Je suis disposé à vous recevoir tous les matins, de dix à onze heures, au Jardin des Plantes.

Bon G. CUVIER.

A Monsieur le comte de Saint-Sauveur,
premier chambellan de S. A. R.

5 juin 1824.

Monsieur,

J'ai reçu la lettre que vous m'avez fait l'honneur de m'écrire en faveur de M. Daudin. La demande sera examinée, vous pouvez en être sûr, avec tout le soin possible. L'honneur qu'il a de vous être allié ne peut qu'ajouter encore à l'intérêt qu'elle peut offrir.

Le commissaire du roi,
Cte DE PASTORET.

A Monsieur le comte de Saint-Sauveur, gentilhomme de la Chambre du roi.

28 mars 1825.

J'ai reçu la lettre que vous m'avez fait l'honneur de m'écrire en faveur de M. Daudin, qui désire être nommé auditeur au Conseil d'Etat. J'ai fait prendre note de votre recommandation et, lors des premières promotions, j'examinerai avec intérêt les titres de M. Daudin, je les mettrai exactement sous les yeux du roi, et je désire que la décision de S. M. lui soit favorable.

Le garde des sceaux, ministre secrétaire d'Etat de la justice,
Cte DE PEYRONNET.

Le secrétaire de la société Linnéenne de Normandie, membre correspondant de l'Institut de France, à M. Daudin, membre de plusieurs sociétés savantes.

Caen, le 22 mars 1833.

Monsieur,

J'ai l'honneur de vous annoncer, avec infiniment de plaisir, que la société Linnéenne de Normandie vous a nommé membre correspondant dans sa dernière séance. La compagnie a été très-satisfaite de s'associer un savant aimable et modeste, dont elle a su, l'année dernière, apprécier les connaissances. C'est à l'unanimité que vous avez été nommé.

A. de Caumont.

Dans *le Moniteur de l'Oise* du 10 juin 1864 M. Le Saint a donné un compte-rendu détaillé de l'ouvrage de M. Daudin, après avoir passé en revue les différents sujets traités dans ce livre, il termine ainsi :

« M. Daudin a voulu rattacher la science agricole contemporaine à celle des anciens. Cette pensée féconde qui relève l'agriculture, devra lui assurer le concours des esprits cultivés et des intelligences d'élite. Il y a pour toutes les sciences des principes certains, des règles fondées sur l'observation des lois de la nature, dont il est profitable d'étudier les applications diverses à différentes périodes de l'histoire des nations. C'est ce qu'a fait M. Daudin, avec une habileté qui le placera haut dans l'opinion des agronomes. Son livre, nous le répétons, ne peut manquer d'obtenir un grand succès. En même temps qu'il est d'une utilité incontestable pour tous ceux qui s'occupent de n'importe quel genre de culture, il charme, il captive les autres lecteurs par la netteté des idées, la clarté du style et les emprunts faits avec beaucoup de tact et d'à-propos aux écrivains de Rome. M. Daudin, en inscrivant son nom à la tête de cet ouvrage consciencieux, s'est montré le digne fils du collègue de Lacépède et de Cuvier, auteur lui-même de l'histoire naturelle des reptiles, qui fait suite aux œuvres de Buffon. »

Cet article a été reproduit par le *Mémorial d'Amiens* du 23 juillet 1864.

M. Girardin, de l'Institut, doyen de la Faculté des sciences de Lille, a dit dans *le Mémorial de Lille*, du 17 juillet 1864.

« C'est le travail d'un agronome érudit, qui, après avoir pratiqué, beaucoup lu et comparé les différentes méthodes de presque toutes les parties de la France, s'est complu à consigner, dans une série de petites monographies, les résultats de ses observations et de ses jugements sur les grandes questions de l'art de cultiver la terre.

« Chaque question est traitée avec une parfaite connaissance de la science agricole. L'auteur se montre aussi bon praticien que théoricien éclairé, et sans entrer dans la minutie des détails, il pose avec clarté les préceptes généraux, en fait ressortir l'importance et en déduit les conséquences les plus immédiates. »

Le Journal d'Agriculture pratique du 5 août 1864, contient un article de M. Barral, où l'on trouve l'appréciation suivante :

« M. Daudin nous donne, dans un excellent volume, le fruit d'une longue vie d'étude et de labeur ; l'œuvre est bonne. Cet ouvrage est une description raisonnée des travaux nécessaires à la culture des terres. Tous les sujets à l'ordre du jour y sont sérieusement étudiés. On est entrainé par l'intérêt sans cesse renouvelé du sujet. »

Enfin, dans le *Journal des Villes et Campagnes* du 5 novembre 1864, M. Louis Hervé porte le jugement suivant :

« Cet excellent ouvrage n'est pas seulement un des traités d'agriculture les plus judicieusement pratiques qu'on puisse proposer aux propriétaires et aux cultivateurs, il a de plus le mérite de rattacher à tous les procédés modernes l'étude historique et littéraire des procédés employés par les agriculteurs de l'antiquité.

« On sent, en lisant le livre de M. Daudin, que les vieux auteurs romains ont fait vibrer en lui la fibre littéraire en même temps que la fibre agronomique. Toutes les beautés de leur langue, tout ce qu'il y a d'imagé, de coloré, de vivant dans leur style, a été saisi et mis en relief avec un bonheur singulier, dans les traductions qui suivent toutes leurs citations. Un professeur qui n'est que latiniste, n'aurait pas traduit ces écrivains aussi heureusement. *Le nouveau Théâtre d'Agriculture*, est un ouvrage qui a sa place marquée au rayon d'honneur de la bibliothèque de tout homme lettré et érudit. »

LETTRE DE M. LEVERRIER DU 30 AVRIL 1864.

J'ai lu avec beaucoup d'intérêt la note sur la météorologie extraite de votre *Nouveau Théâtre d'Agriculture*. La question que vous traitez dans cette note est une de celles qui nous préoccupent le plus vivement. Nous espérons pouvoir aborder l'objet de vos préoccupations d'une manière graduelle; mais pour cela nous avons besoin du concours des agriculteurs. Nous recevons toujours avec un grand intérêt les communications des hommes qui, comme vous, tournent leurs pensées vers le progrès agricole. Nous sollicitons même leurs avis sur les conditions du concours que nous pouvons leur apporter. A tous nous demandons des matériaux, c'est-à-dire de bonnes observations.

LEVERRIER.

EXTRAIT DU REGISTRE DES DÉLIBÉRATIONS DU CONSEIL MUNICIPAL DE LA VILLE DE MÉRU.

Séance extraordinaire du 23 juillet 1861.

Le conseil municipal, sur la convocation de M. le Maire, s'est réuni à l'Hôtel-de-Ville.

Sont présents : MM. Henneguy, maire; Poulet, adjoint; Lesieur, Hadancourt, Dufour, Besançon, Moisand, Lasne, Fessart, Ferry, Bouré, Leblanc et Descroix.

Un membre communique au conseil une lettre de M. Daudin, donnant des renseignements précieux sur l'état dans lequel se trouve aujourd'hui la question du tracé de chemin de fer.

Le conseil donne acte de cette communication à laquelle il est très-sensible, et prie M. le Maire de vouloir bien faire part à M. Daudin de ses vifs remerciements pour tous les soins et démarches apportés par lui jusqu'à ce jour dans l'intérêt du pays, pour faire adopter le tracé par Méru et le supplier de vouloir bien continuer d'apporter tous ses soins pour faire adopter définitivement ce tracé.

Pour extrait conforme au registre.

Le Maire, HENNEGUY.

En reproduisant ces lettres et documents, j'ai voulu surtout en assurer la conservation; et aussi montrer que mes services personnels et ceux de ma famille, pouvaient m'autoriser à accepter la candidature qui m'avait été offerte, sans que je l'eusse demandé, et sans que j'aie fait aucune démarche pour la soutenir.

Beauvais, typographie D. PERE, rue Saint-Jean.

/ ι /

www.ingramcontent.com/pod-product-compliance
Lightning Source LLC
LaVergne TN
LVHW010014230826
846092LV00002B/817
9782019912710